AF263187

RECHERCHES

SUR

LES ÉTATS DE BRETAGNE

(Sessions de 1717 et de 1736),

Par A. du Bouetiez de Kerorguen.

2 vol. in-8e. Paris, Dumoulin, 1875.

Les États de Bretagne, trop longtemps oubliés et méconnus, ont eu,
il y a quelques années, la bonne fortune d'être présentés au public
dans une étude lumineuse, écrite d'une plume rapide, qui résumait en
deux volumes les vastes archives de la province. Après cet hommage
rendu aux priviléges de la Bretagne par un écrivain breton d'origine et
de cœur, il n'y avait plus d'histoire générale à tenter; mais en revanche
que de points à éclaircir! que de documents à mettre au jour, qui ser-
viraient de preuve et de complément au travail de M. de Carné et qui
constitueraient en même temps les annales officielles d'une des provinces demeurées le plus fidèles au culte des traditions.

C'est avec la pensée de provoquer un ensemble de publications du
même genre que M. du Bouetiez de Kerorguen nous a donné le procès-
verbal de la tenue des États en 1717 et en 1736. Il ne s'est pas borné
à publier un texte qui sans commentaire fût parfois demeuré aride. Il
l'a accompagné de notes et l'a fait précéder d'une étude pleine d'intérêt
sur la composition des trois ordres, la compétence des États et les ins-
truments dont ils disposaient. A ces données générales, que la suite du
récit historique n'avait pas permis à M. de Carné de développer sous
une forme aussi précise, l'auteur, répondant d'avance à la curiosité la
plus exigeante, a joint des notes sur les principaux personnages qui
figurèrent aux États, et des éclaircissements sur les circonstances qui
précédèrent la session.

Comme la plupart des assemblées provinciales, les États de Bretagne
se sont constitués au XIVe siècle; florissants sous l'administration des
ducs, solennellement confirmés lors du contrat d'union de 1532, ils

avaient eu le rare bonheur de traverser la double épreuve du gouvernement de Richelieu et de la toute-puissance de Louis XIV sans voir leurs priviléges anéantis. En protégeant le commerce maritime, le cardinal avait attiré leur ardente sympathie, et les ministres de Louis XIV, tout en étouffant la voix des députés et en modifiant quelques-uns de leurs usages, n'avaient pas frappé l'institution elle-même. Avec la Régence, l'exercice de leurs anciens droits leur fut restitué; mais c'est le châtiment de ceux qui ont laissé aliéner leur liberté de ne plus savoir en faire usage, quand vient le jour où elle leur est rendue. Vingt ans de prostration furent suivis de revendications violentes. On avait gémi en silence, lorsque la compression était générale; sous un roi mineur, quand les liens sont relâchés, on protesta bruyamment contre la servitude; la violence maladroite du commandement changea la résistance des États en conspiration, puis en une révolte qui fut étouffée dans le sang.

L'année 1717 marque le début de la résistance comme la date de 1736 la reprise des anciennes coutumes. Ces deux tenues d'États servent en quelque sorte de type, l'une nous montrant un foyer de luttes prêtes à éclater, l'autre une session d'affaires[1]. M. de Carné nous avait déjà montré l'ardeur des députés de la noblesse aux États de Dinan; nous pensions en connaître les détails : il n'en était rien. Lisez, à côté du procès-verbal de cette session ouverte le 15 décembre 1717 et dissoute le 18, la correspondance de l'intendant de Bretagne avec le Contrôleur général. Rien de plus vivant et qui peigne mieux les puériles colères d'un administrateur ambitieux aux prises avec l'indépendance des caractères. Digne en tous points d'agir de concert avec le maréchal de Montesquiou, commandant en chef, qui répétait qu'il fallait « ôter de l'esprit de cette province qu'ils ont des droits particuliers et qu'ils sont indépendants »[2], M. de Brou envoie jour par jour à Versailles le tableau de ses alarmes croissantes. Quelques heures le séparaient à peine de l'ouverture des États, lorsqu'il écrivait au duc de Noailles que le maréchal et lui avaient épuisé en vain « toutes sortes de raisons, tantôt usant de remontrances et de douceurs, tantôt de menaces », sans avoir changé la disposition des esprits[3]. Après la première séance, le ton de

1. Il est très-regrettable que M. du Bouëtiez n'ait pas conçu sur un plan plus vaste la publication qu'il a entreprise. Ne comptant au début s'occuper que des États de 1736, la pensée lui est venue plus tard de donner la tenue de 1717, qu'il a placée à la suite et en appendice, au mépris de l'ordre chronologique. L'éditeur aurait dû prévoir que plus tard ses publications seraient continuées, et que par une bonne méthode il devait laisser le champ libre aux travaux de ses successeurs. Cette critique est la seule que nous inspirent les deux volumes du savant éditeur breton.

2. Lettre du maréchal de Montesquiou au Régent, du 5 mai 1717. Voyez Carné. *Hist. des États de Bretagne*, t. II, p. 7.

3. Dinan, 15 nov. 1717. Lettre de l'intendant de Brou au duc de Noailles du Bouëtiez de Kerorguen, t. II, p. 255.

M. de Brou devient de plus en plus effaré. « Tout le monde, écrit-il,
assure que jamais cette assemblée n'a commencé avec tant de complots
et tant de partis pris de tous côtés. » Aussi prévoit-il pour la troisième
séance des mesures graves : le maréchal ordonnera, sans doute, la
séparation, car il est urgent « de faire revivre l'autorité du roi qu'on
regarde, si les États ne cèdent pas, comme perdue dans la province. »

Quelles étaient donc les menées des États ? que voulaient-ils ? où
tendaient leurs prétentions ? Il faut avoir lu les documents pour le
croire : les députés avaient osé déclarer qu'ils n'accorderaient au roi le
don gratuit de 2 millions qui leur était demandé « qu'après avoir
examiné l'état de leurs fonds. » Ainsi leur audace allait jusqu'à vouloir
délibérer avant de voter. De tous les conflits du despotisme avec la
liberté s'en peut-il imaginer un qui montre plus à nu les misères du
pouvoir absolu ? Et n'y trouvons-nous pas la justification de ce mot
d'un grand politique disant qu'une nation libre est celle qui possède les
moyens de réfléchir avant d'agir ? Pour le maréchal de Montesquiou et
l'intendant, c'étaient là de dangereuses subtilités. Faire le compte des
recettes avant de voter une dépense, proportionner le don gratuit aux
impôts de la province, pure révolte ! il fallait châtier ces rebelles, faire
avancer des régiments de cavalerie et préparer à la hâte des lettres de
cachet. Le vendredi 17, une dernière sommation fut faite par le
maréchal. Les États répondirent en commençant dans la séance du soir
l'examen de leur budget. Pour le coup, c'en était trop : le lendemain
18 décembre, trois jours après la première réunion, M. de Montesquiou
venait dissoudre les États de Dinan.

Le commandant en chef et l'intendant étaient émerveillés de leur
propre patience ; leurs lettres sont pleines de louanges : « Je vous
assure, Monsieur, dit le maréchal à M. de Noailles, que je me suis
comporté avec toute la modération et la sagesse possible. » Aussi
demande-t-il l'envoi de nouvelles troupes. M. de Brou écrit le même
jour : « Il est bien malheureux pour moi de n'avoir pas mieux réussi
dans cette assemblée d'États. Je crois néanmoins n'avoir rien à m'im-
puter. » En effet, ils avaient agi avec la ponctualité de soldats rompus
à la discipline et le coup d'État avait été accompagné des rigueurs qui
pouvaient seules en assurer le succès, puisqu'en prononçant la dissolution des États, le maréchal avait décerné quatre ordres d'exil contre
les députés les plus fermes[1].

Les députés une fois dispersés, l'embarras demeurait grand. Il fallait
ordonner illégalement la perception de l'impôt. Or en Bretagne, lever
une taxe non votée par les États était un fait inouï. L'intendant le vit
bien quand il reçut l'arrêt du conseil rendu à cet effet sur sa sollicita-
tion et qu'il tenta de le faire enregistrer au Parlement. En vain, il mul-

---

1. Il regrettait de n'en avoir pas reçu de Paris un plus grand nombre. Voir la
lettre du 26 décembre, dans laquelle M. de Brou dit que le maréchal conseille
d'arrêter les exilés à leur passage à Paris.

tiplia les efforts, les sollicitations aux magistrats, les tentatives de corruption, les promesses et les menaces : le 3 janvier, des remontrances furent votées. Le Parlement résolut de charger une députation de les porter jusqu'au trône. Reçue par le roi, deux mois après son arrivée, rebutée par une sèche réponse de M. d'Argenson, elle insista, changea d'attitude, rappela d'un ton plein de menaces le lien qui unissait la Bretagne au royaume et réclama hautement que « la forme essentielle de son gouvernement fût rendue à la province en rassemblant les États. » Pendant que le régent écoutait les remontrances d'une oreille distraite et que les exilés étaient reçus et fêtés dans Paris, le refus de l'impôt s'organisait de Saint-Brieuc à Nantes et de Brest jusqu'à Rennes ; le maréchal de Montesquiou, commençant à sentir l'impuissance des moyens violents, recula et conseilla au pouvoir de convoquer les États.

Malheureusement, M. du Bouetiez n'a pas publié le procès-verbal de la session de 1718. Aussi n'insisterons-nous ni sur le vote du don gratuit, ni sur la prétention du maréchal de faire continuer la perception de certains impôts contre la volonté des États ; il faut passer rapidement sur ce nouveau conflit bien autrement grave, ainsi que sur les événements dont la seconde session de Dinan fut le théâtre et dont la dissolution, malheureusement renouvelée, de cette assemblée, fut l'origine directe. Arrivons en 1736 : nous trouvons les haines éteintes, les conflits apaisés ; la conspiration de Pontcallec, plus bruyante que dangereuse, n'aurait laissé aux Bretons que le souvenir d'une inutile levée d'armes si une rigueur excessive n'avait fait tomber sur l'échafaud la tête de plusieurs gentilshommes. Aux sévérités de la Régence frappant en Bretagne les menées d'Albéroni, avait succédé un système plus tolérant qui devait bientôt rendre aux priviléges de la province tout leur lustre, aux États leur toute-puissance.

Lorsque le 12 novembre 1736 s'ouvrit à Rennes l'assemblée des trois ordres, le maréchal d'Estrées commandait les forces royales et M. de Viarmes administrait la province. Avec eux, il n'était plus question de violences : le maréchal était un de ces esprits distingués que le métier des armes, loin d'endurcir, a doués d'une énergie bienveillante et douce ; parvenu aux limites de la vieillesse, il était demeuré, avec une connaissance profonde des hommes, indulgent sans cesser d'être ferme, et il joignait une grande expérience des affaires à un caractère vraiment digne du commandement. M. de Viarmes, sorti du Parlement de Paris, appartenant à la vieille famille de robe des Le Camus de Pontcarré, destiné à devenir vingt-deux ans plus tard prévôt des marchands de Paris, était alors plein de jeunesse et d'ardeur ; il était fort surpris de la liberté des États de Bretagne et disposé à faire montre d'un zèle que calma souvent l'autorité prudente du maréchal.

Dès les premières séances se produisit un incident qui, avec d'autres chefs, aurait pu provoquer un conflit. Depuis longtemps le nombre des députés de la noblesse était une cause de tumulte qui contribuait à l'embarras des délibérations. Tandis que les neuf évêques de Bretagne et les neuf députés des chapitres cathédraux constituaient le corps du clergé, pendant que le tiers-état tout entier était représenté par les députés des 42 villes admises à figurer aux États, tous les gentils-hommes avaient élevé la prétention de siéger en personne à l'assemblée de la province. Au commencement du règne de Louis XIV, leur nombre, qui atteignait 230, semblait déjà excessif; or, en 1726, il avait dépassé 500, et deux ans plus tard il approchait de mille. La Cour s'en était émue. Parmi les diverses mesures qui avaient été suggérées, le conseil avait choisi une limite d'âge écartant les jeunes gens au-dessous de 25 ans et la justification d'une noblesse remontant à cent ans. L'émoi fut grand en Bretagne, lorsqu'on y apprit que, sans consulter les États, un arrêt du conseil avait spontanément modifié, le 26 juin 1736, la composition de l'ordre de la noblesse. Les gentilshommes firent entendre les plaintes les plus vives, et comme le Parlement allait être saisi le premier de la demande d'enregistrement, il devint tout aussitôt le centre de la résistance. Le cardinal de Fleury n'apprit pas sans alarmes ce réveil d'une province qui avait donné naguères tant d'inquiétudes. Il expédia dix lettres de cachet au maréchal, qui n'avait pas songé à les réclamer, et qui dut, malgré lui, exiler six gentilshommes et quatre magistrats choisis parmi les plus remuants. Le Parlement obéit et enregistra l'arrêt du conseil.

Quelle attitude allaient prendre les États ? Ils se montrèrent à la fois résolus et calmes, au grand étonnement des esprits timorés qui prédisaient de nouvelles luttes. Sur l'ordre du maréchal, les députés ordonnèrent l'enregistrement pur et simple de l'arrêt du conseil, en se contentant de prescrire des remontrances respectueuses. Faisant taire dans l'intérêt public les sentiments qui grondaient au fond de leurs cœurs, les députés, dès la seconde séance, accordèrent d'une voix unanime le don gratuit de 2 millions. Les commissaires du roi allaient de surprise en surprise. Depuis l'intendant jusqu'au prince de Léon, président de la noblesse, tous ceux qui correspondaient avec le Contrôleur général auguraient des débats orageux. Nul ne put conserver de crainte, quand on apprit que les remontrances, votées à la suite de l'enregistrement, se bornaient à réclamer l'entrée, sans voix délibérative, des jeunes gentilshommes de 20 ans et l'attribution au Parlement de la preuve de noblesse.

Cette crise franchie, nous voyons se dérouler devant nous la suite habituelle d'une session d'États. Après la nomination des diverses commissions, vint le rapport des *députés en cour*, chargés à la précédente session de porter au roi le cahier des remontrances, de recueillir les réponses, de défendre enfin, à Paris et à Versailles, les intérêts de la province. Chaque question est l'objet d'un rapport d'un des deux procureurs généraux syndics. Ces mandataires, pris parmi les députés, élus pour quatre ans, exerçaient une mission d'où dépendait à vrai dire l'efficacité des États. Préparant les dossiers, l'un à Paris, l'autre à

Rennes, chargés de l'exécution de tout ce qui était décidé, ces deux officiers, aidés de leurs substituts, faisaient une série de rapports aux États sur chaque article de leur mandat, afin de faire connaître le résultat de leurs démarches et de provoquer de nouveaux ordres.

Grâce à leurs rapports, nous pouvons étudier une à une les affaires ordinaires d'une session : priviléges généraux de la province, intérêts de la justice, questions d'impôts et d'octroi, dégrèvement des communautés, décharge des contribuables, tout ce qui pouvait provoquer des réclamations auprès du gouvernement central, de la part des autorités ou des particuliers, est tour à tour l'objet d'un rapport et d'une décision.

Néanmoins l'affaire des lettres de cachet, adressées, peu de mois avant les États, à quelques membres de la noblesse et du Parlement, ne pouvait demeurer dans l'oubli. Fort inquiets de leurs collègues, les magistrats des Enquêtes, choisis à Rennes, comme au Parlement de Paris, parmi les plus jeunes conseillers assiégeaient les députés de leurs sollicitations. Les États crurent de leur devoir de tenter une démarche auprès du maréchal. Celui-ci fit savoir aux présidents des ordres, venus pour s'en ouvrir secrètement à lui, qu'il écouterait ce que les députés lui diraient au sujet des gentilshommes, mais que s'il était question des magistrats, la députation recevrait de lui quelque affront, « que les États et le Parlement étaient deux corps séparés qui ne devaient avoir aucune liaison ensemble [1] ». Les États se bornèrent à réclamer le retour dans leur sein des membres « qui en étaient absents par ordre du roi. » Une telle docilité reçut sa récompense, le maréchal promit de faire lever, dès la fin de la session, les ordres d'exil.

Aucun incident ne tournait au conflit dans cette session de 1736 si paisible et si chargée d'affaires. « En vérité, écrit plaisamment au Contrôleur général l'évêque de Rennes, président du clergé, nous sommes si plats qu'il n'y a point de plaisir. »

Néanmoins, l'affaire du vote de la capitation donna lieu aux discussions et aux examens les plus minutieux. Les États accordèrent 1,800,000 livres. Le chiffre n'avait rien qui pût déplaire au gouvernement ; mais, à Versailles, on aurait voulu que l'assemblée ne se bornât pas à le voter pour deux années. « Il n'y a pas eu moyen, écrit le maréchal, de leur faire entendre raison sur cet article, et, comme naturellement les Bretons sont nés défiants, ils se sont mis en tête que, s'ils votaient la capitation pour six ans, on n'assemblerait les États que tous les six ans. » (Lettre au Contrôleur général du 29 novembre.) Les députés tinrent bon et les États purent, grâce à leur fermeté, se réunir tous les deux ans jusqu'à la Révolution.

Il ne suffisait pas de voter l'impôt ; les députés entendaient maintenir toutes les garanties qui protégeaient la perception. Les États députèrent deux de leurs membres pour réclamer la liberté de nommer quelques personnes dans chaque diocèse pour faire la répartition.

1. Lettre du maréchal d'Estrées, 21 nov. 1736, t. 1, p. 379, 381.

Le maréchal, après avoir déclaré que le roi ne voulait plus qu'une commission permanente, celle de Rennes, ajouta que, comme particulier, il ne trouvait pas grand inconvénient à ce que les États nommassent, sous le bon plaisir du roi, quelques délégués de chaque ordre comme correspondants du bureau de Rennes.

A la dépêche du maréchal rendant compte de sa conversation avec les membres des États, correspond une lettre de l'évêque de Rennes qui jette les hauts cris : « J'étais convenu avant-hier soir avec M. le maréchal qu'il dirait les gros mots .... cependant il est arrivé, je ne vous dirai pas comment, que M. le maréchal a consenti que les États nommassent, outre le bureau de Rennes, deux commissaires dans chaque évêché... J'ai été consterné quand j'ai entendu cela; encore a-t-il fallu en paraître bien aise. » (Lettre du 29 nov. 1736.) L'évêque se hâte de montrer au Contrôleur général que le vœu des États peut encore être éludé. Heureusement le maréchal est là pour calmer les colères de M. de Vauréal et celui-ci écrit huit jours après : « Je me dédis de ce que je vous ai demandé. Je vous ai marqué qu'il était nécessaire qu'une réponse prompte rectifiât ce qu'il y a de mal dans cette délibération. Réflexion faite, il vaut mieux nous laisser nommer tout ce que nous voudrons. Ce serait un désagrément pour M. le maréchal de voir blâmer ce qu'il a promis et cela pourrait nous faire du train. » (Lettre du 4 déc. au Contrôleur général, t. II, p. 40.) L'évêque de Rennes ne parvint pas à apaiser l'inquiétude que ses conseils avaient soulevée. Le Contrôleur général répondit que le roi défendait très-expressément de faire cette nomination de commissaires. (Lettre du 10 décembre, t. II, p. 10.) Les États, fort attachés à leur vote, n'en voulaient pas démordre, et un conflit grave s'en fût suivi, si le maréchal d'Estrées, avec autant de résolution que de sens politique, n'avait pris sur lui de ne pas signifier l'ordre royal aux États. (Lettre de l'év. de Rennes au Contrôleur général, 19 déc., t. II, p. 176.) La suite montra toute l'habileté de cette conduite. M. de Vauréal écrit au Contrôleur général le 19 décembre : « Nous avons barbouillé pendant deux jours sur les fonctions des deux commissaires par évêché, l'un de la noblesse et l'autre du tiers. Les nobles voulaient se mêler seuls de leur capitation et le tiers y consentait, mais le tiers voulait aussi que les nobles ne missent point leurs nez dans son affaire et les nobles le voulaient. Cela a produit beaucoup d'aigreur; j'en riais tout bas. Enfin le tiers a pris le parti le plus sage et a dit que, pour la capitation de la noblesse, elle pouvait nommer tant de commissaires qu'elle voudrait, mais que pour les impositions des villes et des paroisses, il s'en rapportait entièrement à l'administration de la Commission intermédiaire et ne voulait point avoir de commissaires par évêché. » Curieux exemples des sentiments du tiers-état. Forcé d'opter entre les prétentions de la noblesse ou celles du gouvernement royal, il n'hésita jamais, par défiance des ordres privilégiés, à se ranger du côté du pouvoir. Avait-il tort cette fois d'agir ainsi ? la répartition laissée à la Commission intermédiaire, c'était en réalité le pouvoir maintenu aux communautés des villes qui étaient les correspondants naturels du bureau de Rennes.

A côté et au-dessous des grandes affaires, telles que le vote des impôts, nous assistons à la discussion de tout ce qui intéressait la Bretagne. Au premier rang se place le commerce : les intérêts de la pêche, la protection qu'elle mérite, sont tour à tour examinés au point de vue de la richesse locale, de l'alimentation publique, des taxes perçues sur le poisson et sur les huiles, et du nombre de matelots que cette industrie prépare aux fatigues de la navigation. Les États cherchent le moyen de multiplier les transports maritimes; ils voudraient que les fermiers généraux fussent tenus d'acheter le tabac dans les colonies françaises, que le port de Saint-Malo fût affranchi, que les constructions fussent protégées par la défense d'acheter des vaisseaux en Angleterre (t. II, p. 93, 104 et suiv.).

Malgré cette faveur générale pour le développement des échanges, les États décident, sur la proposition de la Commission chargée d'examiner la position des gentilshommes faisant le commerce, que les nobles imposés jusqu'à présent aux rôles de la capitation du tiers, y demeureraient, tant qu'ils continueraient le commerce même maritime (t. II, p. 31).

L'industrie préoccupe également les députés : les cotonnades de Nantes, les toiles de Morlaix et de Landerneau, leur paraissent mériter toute l'attention des députés en cour (t. II, p. 94 et 111); mais de toutes les questions, la plus grave, celle qui soulève le plus de vœux est sans contredit la multiplication et l'entretien des routes. De toutes parts, des pétitions sont adressées aux États. M. du Bouetiez a eu le soin de nous indiquer la suite des délibérations relatives aux routes, depuis le temps où les États répondaient à l'insistance d'Henri IV et de Sully, en soutenant que, les péages ne profitant pas à la province, c'était l'affaire du roi et des seigneurs d'entretenir les routes (14 novembre 1607), jusqu'au jour où le duc de Chaulnes obtint le premier vote d'un fonds de 25,000 livres (4 septembre 1671). En 1716, les besoins étaient tout autres; les États s'attribuèrent à eux seuls l'administration des chemins, et en 1732, ils allèrent jusqu'à accorder 300,000 livres. Ils ne votèrent que 100,000 livres en 1736, mais l'examen presque quotidien des pétitions locales prouve, mieux que toute démonstration, le progrès des relations commerciales entre les diverses parties de la Bretagne.

La fin de la session présente un spectacle moins digne d'intérêt. Les affaires sérieuses sont vidées, il reste à voter le fonds des gratifications; tous ceux qui ont joué un rôle ou rendu un service pendant la session veulent y prendre part : Madame la maréchale d'Estrées aura 15,000 livres; Madame la princesse de Léon, 15,000 livres, le vicomte de Rohan qui a présidé deux fois la noblesse, en l'absence de son père dont la maladie n'a paru qu'un prétexte, obtiendra 10,000 livres; les présidents des ordres privilégiés toucheront 15,000, celui du tiers

4,000 livres, tel gentilhomme, qui a présidé la noblesse une seule fois, pendant une heure, aura 6,000 livres ; le premier président sera gratifié d'une pension, ainsi que les commandants de la province ; des gentils-hommes, des demoiselles recevront de larges aumônes ; enfin les députés de la noblesse se partageront 40,000 livres. C'est une large distribution dont l'énumération remplit d'interminables listes. Ceux qui ne demandent pas pour eux-mêmes réclament pour l'intérêt qui les touche particulièrement : les évêques, pour leurs cathédrales ou pour leurs œuvres hospitalières ; les villes, pour leurs ports, et on voit reparaitre, sous une forme plus humble, mais non moins tenace, les efforts tentés durant la session pour obtenir le vote d'une subvention affectée à certains travaux publics. « Nous sommes magnifiques, écrit au Contrôleur général, dans son style moitié sérieux, moitié burlesque, M. de Vauréal, venez vite, vous aurez une gratification, et, peut-être, sans venir, en aurez-vous une, car nous avons ressuscité ce matin celle de la princesse de Léon. » (Lettre du 13 décembre, t. II, p. 121.)

Quelle que soit l'ardeur des cupidités, elles ne peuvent faire oublier entièrement à une assemblée l'intérêt général. C'est l'honneur des réunions d'hommes délibérant en commun que l'égoïsme ne peut longtemps les aveugler. A Rennes, la curée s'arrêta, avant que tout le fonds disponible eût été épuisé : il restait 100,000 livres qui furent affectées au soulagement de la province, dégrevant d'autant l'impôt du casernement pour l'année 1737. (Séance du 15 décembre, t. II, p. 134. Cette réduction ramenait à 250,000 livres le fonds précédemment voté à 350,000 livres.)

A la fin de la session, l'usage était de rédiger un cahier de vœux. Autant cette tâche était importante dans les pays d'États qui ne possédaient que des droits restreints, autant les remontrances demeuraient vides et presque superflues en Bretagne où les députés accordaient l'impôt et arrêtaient en partie l'emploi des sommes votées. Aussi n'avons-nous rien à dire des sept articles remis le 15 décembre au maréchal d'Estrées. L'acte qui portait le nom de contrat était autrement grave. C'est là qu'étaient fixées les conventions passées entre les États et les Commissaires du Roi et relatant sous une forme précise les taxes votées par les trois ordres. Avec l'approbation de ces actes se terminaient les travaux de la session.

L'assemblée fut close sans grand cérémonial, avec cette hâte commune en tous les temps à ceux qu'une session de 36 jours a tenus éloignés de leur résidence accoutumée et qui sont pressés de reprendre leur vie interrompue. Les députés du tiers regagnèrent leurs villes, pendant que la noblesse se retirait dans ses terres et que le prince de Léon, impatient d'un retard de quelques heures, doublait les postes pour se retrouver plutôt sur le chemin de Paris à Versailles.

Assurément, il est peu de sessions moins agitées et présentant moins d'incidents que cette tenue de 1736. C'est précisément un des caractères qui me portent à remercier M. du Bouetiez d'en avoir publié, sans retranchements, les longs procès-verbaux. Le goût de l'imprévu, le plaisir de la lutte vue des tribunes, pour tout dire en un mot, la passion du spectacle est un des périls que courent en notre pays de vive imagination les assemblées délibérantes. Ce n'est pas seulement à Rennes, en 1736, que l'expédition régulière des affaires publiques soulève le mécontentement des amateurs de drame et fait dire aux assistants que « la besogne devient ennuyeuse par sa fadeur » et que ce sont vraiment « de vilains États »[1], sans se soucier de savoir si la session ne sera pas une des plus fécondes, précisément parce qu'elle aura été l'une des moins bruyantes. L'éditeur n'a pas été rebuté par la sécheresse des documents : il a tout donné, chiffres et pièces justificatives, animant ces textes arides de notes pleines de recherches lumineuses, plaçant à la suite de chaque séance les lettres du maréchal, des présidents des ordres et de l'intendant, rendant compte du mouvement des affaires à des points de vue divers qui s'éclairent mutuellement. Nous souhaitons qu'il continue sur le même plan cette intéressante publication qui mériterait d'être encouragée par les conseils départementaux, si ceux-ci imitaient en faveur de leur histoire locale la munificence éclairée des États de Bretagne. Il suffirait de quelques encouragements donnés à propos et avec suite pour susciter sur plusieurs points de la France le zèle des érudits et préparer peu à peu, en mettant à contribution les manuscrits de Paris aussi bien que les archives locales, une collection de procès-verbaux et de correspondances qui contiendrait l'histoire entière des pays d'États. En quelques provinces, il semble que sous Louis XIV ces documents aient été l'objet d'une destruction systématique. Tout au moins perd-on vers cette époque la trace de certains fonds d'archives. Heureusement, il n'en est pas ainsi pour tous les États provinciaux : la Bourgogne, le Dauphiné, la Provence, et au premier rang le Languedoc, appellent les recherches et les efforts de tous. Pour être fière de ses droits, la société nouvelle ne peut impunément renier ses origines. Elle tient au passé plus qu'elle ne le pense et bien plus profondément qu'elle ne l'avoue. Il ne s'agit pas de reconstituer la province, d'anéantir, sous leur forme désormais entrée dans les mœurs, nos divisions territoriales; il n'y a point là de passions à soulever, d'armes à donner aux partis, c'est une œuvre de respect qui s'impose, une des parties les plus méconnues de notre histoire nationale qu'il nous appartient de reconquérir.

Georges Picot.

1. T. II, p. 101.

Extrait de la Revue historique.

Imprimerie Gouverneur, G. Daupeley à Nogent-le-Rotrou.